René

DIVERTIDOS MAQUILLAJES

PARA FIESTAS INFANTILES

Índice

De todo corazón, nuestro agradecimiento a los modelos Kristina, Sophie, Lukas, Philipp, Leon, Lena, Francesca, Viviane, Tina, Franziska, Aissatou, Charlotte y Sophie W.

PARA QUE SAQUES EL MAYOR PROVECHO AL CONTENIDO, te encontrarás seguidamente: primero, los materiales y la técnica a utilizar; a continuación, en doble página, cada uno de los proyectos, en los que figuran los colores específicos para cada trabajo, las indicaciones sobre cómo realizarlo de forma sencilla y una gran foto en la que aparece el proyecto terminado.

Divertidos maquillajes para fiestas infantiles

Maquillar a los niños, ya sea con una divertida caracterización de payaso o con una terrorífica de demonio, siempre tiene un éxito increíble en las fiestas infantiles. A los niños no sólo les fascina transformarse en carnaval con un disfraz y un bonito maquillaje; convirtiéndose en un tigre salvaje o en un dragón de fuego, cualquier pequeño alcanza un poco más sus sueños.

Todas las propuestas de maquillaje presentadas en este libro, que combinan temas clásicos con novedosas creaciones, son muy llamativas, rápidas y, gracias a las indicaciones paso a paso, muy fáciles de realizar. Con un poco de práctica, también los principiantes serán capaces de realizarlos sin ninguna dificultad.

Espero que os divirtáis
y que las caracterizaciones
os queden preciosas.

Los materiales

Maquillaje al agua

Para las caracterizaciones de este libro se ha empleado exclusivamente el denominado maquillaje al agua. Estas pinturas se aplican igual que las acuarelas. Son pinturas muy pigmentadas y conservan su luminosidad una vez secas, e incluso se pueden tocar sin peligro alguno. Después de la fiesta se limpian fácilmente con agua caliente y jabón. Las pinturas que se venden en tiendas especializadas están dermatológicamente probadas, y tienen un alto nivel de tolerancia por la piel, siendo también, por regla general, inocuas para personas alérgicas. El maquillaje al agua se presenta en estuches de varios colores o en cajitas independientes de diferentes tamaños.

Purpurina

A los niños les fascina el efecto tan especial, lleno de brillos y reflejos, de la purpurina. Aplicando la purpurina con precisión, se da el toque final a cualquier caracterización. En las tiendas especializadas se obtienen diferentes colores y tipos de purpurina. Hay que tener cuidado de que la purpurina sea de polyester, sin componentes de cristal o metal, y por tanto que no ofrecen peligro en caso de que algunas partículas acabaran en la boca o en los ojos. En este libro se ha utilizado exclusivamente purpurina holográfica, que además brilla con irisaciones en todos los tonos del arco iris.

Esponjitas y pinceles

Para aplicar la base de maquillaje que cubre todo el rostro se necesitan esponjitas para maquillaje. Para manejar mejor las esponjitas redondas, se recomienda cortarlas por la mitad. Con los pinceles se pintan los pequeños motivos y se perfilan los contornos. En las tiendas especializadas se encuentran pinceles de diferentes formas y tamaños. Los mejores son los pinceles redondos de pelo natural de los números 2, 4 y 6. Estos pinceles acaban en punta, de manera que con ellos se pueden realizar fácilmente las líneas más finas y los contornos.

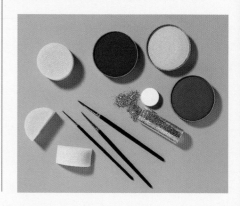

La técnica

Aplicar la base de maquillaje

A ser posible, conviene utilizar una esponjita diferente para cada color; así los colores no se mezclarán y quedarán limpios. Humedecer una de las esquinitas de la esponja con un poco de agua y mojar en la pintura. Si la esponjita está demasiado mojada, al aplicar el maquillaje éste queda a rayas; además, es un gasto innecesario de pintura y se tarda más tiempo en poder continuar pintando. Lo mejor es hacer varias pruebas en el antebrazo hasta que la pintura tenga la consistencia adecuada. La base de maquillaje debe quedar uniforme y terminar suavemente en los contornos. Una vez que se haya terminado de aplicar el maquillaje, se deben limpiar bien las esponjitas.

Pintar los contornos

Deslizar el pincel con suavidad, moviendo la muñeca, no todo el brazo. Se recomienda hacer pruebas en el antebrazo hasta tener la destreza necesaria. También en este caso conviene cuidar que la cantidad de agua sea la adecuada. Cada vez que se vaya a cambiar de color, hay que lavar bien el pincel con agua, limpiándolo en una esponjita limpia antes de pintar con el siguiente color.

Aplicar la purpurina

La purpurina se aplica sobre la pintura con un pincel húmedo. La pintura se disuelve momentáneamente, pero después mantiene fija la purpurina.

Materiales auxiliares

Los siguientes materiales se necesitan siempre, por lo que no se vuelven a enumerar en las listas de materiales:

- Esponjitas para aplicar el maquillaje.

- Pinceles de los números 2, 4, 6.

- Esponjas para limpiar los pinceles.

- Vasos con agua limpia.

- Espejo, para que los niños puedan ver su cara nada más terminar.

- En caso de que la piel a maquillar sea muy seca, se debe dar una crema hidratante (¡no grasa!) antes de aplicar la pintura.

- Un cepillo de dientes para colorear el pelo.

Un payaso
muy divertido

Colores

- Marrón medio
- Blanco
- Rojo
- Negro
- Purpurina

1 Aplicar con una esponjita una base de maquillaje blanco alrededor de la boca.

2 Con un pincel, colorear de rojo las mejillas, la nariz y la boca. Pintar de color negro los contornos, las arruguitas de la sonrisa y las volutas de la frente. Aplicar reflejos blancos de luz con el pincel.

3 Resaltar con purpurina los contornos y los reflejos de luz.

Consejo

Las volutas salen mejor si se pintan de un solo trazo, sin levantar el pincel.

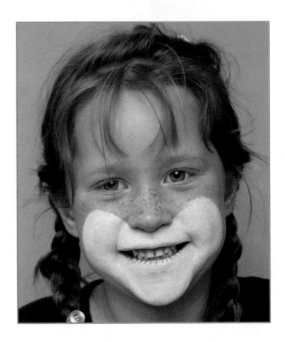

El diablo de Tasmania

Colores

- Beige
- Blanco
- Marrón
- Fucsia
- Negro
- Purpurina

1 Con la esponjita, cubrir la zona de alrededor de la boca y las mejillas con una base de color beige, y los párpados hasta las cejas, de color blanco. Con el pincel, pintar los dientes blancos.

2 Aplicar pintura marrón con la esponjita alrededor de los ojos y de la nariz hasta cubrir todo el rostro. Esbozar las orejas, los cuernos y los mechones de pelo de color marrón. Completar el interior de las orejas de color fucsia.

3 Pintar los contornos de color negro con el pincel. Por último, aplicar la purpurina.

Consejo

A los niños les fascina el efecto tan especial de la purpurina, con la que se da el toque final al maquillaje.

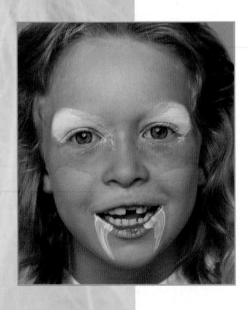
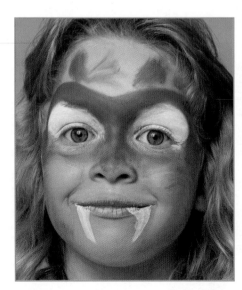

Flores y abejas

Colores

- Amarillo
- Rojo
- Blanco
- Verde
- Negro
- Purpurina

1 Utilizar una esponjita diferente para cada color: aplicar una base de maquillaje amarillo y pintar el cuerpo de la abeja y, alrededor del ojo derecho, el centro de la flor. Pintar con la esponja las hojas de la flor de color rojo, así como la flor pequeña de la mejilla izquierda. Aplicar una base de maquillaje blanco alrededor del ojo izquierdo para las alas de la abeja. Con una esponjita impregnada de color verde, esbozar una hoja en la frente y otra al lado de la flor pequeña de la mejilla.

2 Con un pincel mojado en color amarillo, pintar flecos en el centro de la flor y un punto amarillo en el centro de la flor pequeña.

3 Pintar los contornos de color negro con un pincel. Maquillar los labios de rojo y aplicar la purpurina.

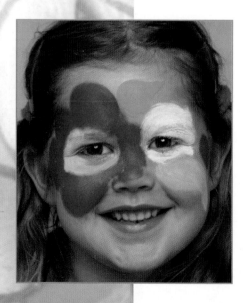

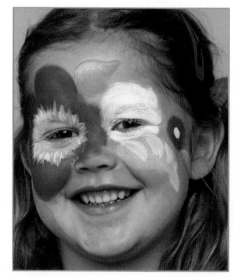

Dragón de fuego

1 Aplicar una base de maquillaje de color turquesa claro con la forma del cuerpo del dragón. Esbozar el fondo de las llamas de color blanco encima del ojo derecho. Pintar las bases de las alas, las puntas, la cola y las patas del dragón de color verde oscuro. Utilizar una esponjita pequeña diferente para cada color.

2 Con el pincel, perfilar de color blanco el cuerpo y los contornos de las alas y las patas. Pintar los agujeritos de la nariz y los ojos de color blanco. Repintar los ojos de amarillo y los agujeritos de la nariz de rojo. Pintar las llamas de rojo y amarillo.

3 Pintar los contornos de color negro. Acentuar algunas líneas de contorno con purpurina.

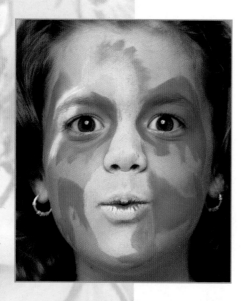

Ave del paraíso

Colores

- Blanco
- Azul
- Negro
- Fucsia
- Purpurina

1 Aplicar una base de maquillaje blanco con la forma del ave y, a continuación, otra base de color azul.

2 Con un pincel fino, hacer dos alas y una grácil cola de plumas. Conviene pintar con destreza y rapidez. La cabeza es como un signo de interrogación que termina en la parte baja entre las alas. Pintar el ojo junto al pico y decorar la cabeza con una coronita.

3 Pintar una flor azul en el lado opuesto.

4 Pintar los labios de color fucsia. Acentuar los contrastes con pintura blanca y con purpurina.

Consejo

Si se pinta el ave del paraíso con otros colores, el efecto es también precioso.

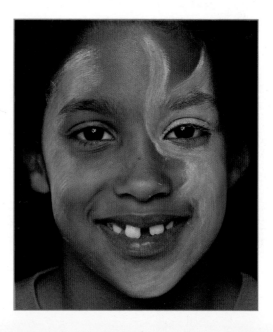

Simpático payaso

Colores

- Blanco
- Lila
- Turquesa claro
- Rojo
- Negro
- Purpurina

1 Extender con una esponjita una base de color blanco cubriendo todo el rostro. Aplicar pintura lila y turquesa alrededor de los ojos.

2 Pintar de color rojo los labios, la nariz y dos lunares encima de los ojos. Pintar puntos de contraste blancos bajo los ojos y en la nariz.

3 Añadir el rizo y los contornos de color negro. Resaltar la boca, los contornos y los contrastes con purpurina.

Consejo

Sujetar el pelo de la frente hacia atrás con la mano izquierda. De esta manera se controla, además, cualquier movimiento del niño al maquillarlo.

Un travieso ratón

Colores

- Blanco
- Fucsia
- Gris
- Negro
- Purpurina

1 Aplicar una base de maquillaje blanco alrededor de los ojos y de la boca. Esbozar las orejitas de color fucsia. A continuación, aplicar la base gris alrededor de las zonas ya terminadas. Utilizar una esponjita diferente para cada color.

2 Pintar unos cuantos mechones de color blanco en las mejillas y el tupé en la frente.

3 Trabajar los contornos y la punta de la nariz con pintura negra. Acentuar los contornos con purpurina.

Consejo

Aplicar la base de maquillaje sobre y alrededor de los ojos siempre con éstos cerrados. Abrir los ojos y corregir posibles imperfecciones con otra capa de base bajo los ojos.

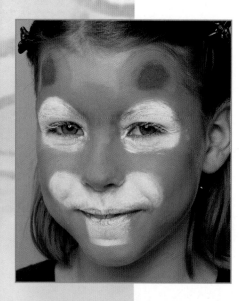

Pequeño tigre

Colores

- Blanco
- Beige
- Marrón
- Marrón oscuro
- Purpurina

1 Con una esponjita, aplicar una base de color blanco alrededor de la boca y de los ojos.

2 Colorear la cara del tigre de beige alrededor de la pintura blanca. Sombrear las mejillas y la nariz de color marrón oscuro. Volver a pintar la nariz de blanco con la esponjita.

3 Pintar los contornos de color marrón oscuro y, a continuación, resaltar las líneas con purpurina.

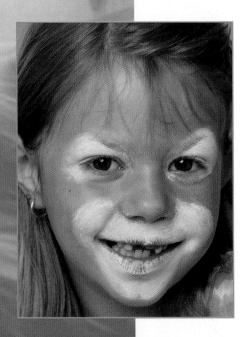
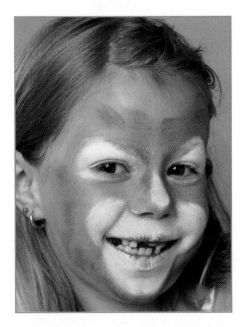

Niña estrella

Colores

- Blanco
- Azul claro
- Amarillo
- Azul oscuro
- Rojo
- Purpurina

1 Con una esponjita, aplicar en las mejillas y para las alas en la frente: primero, una base de color blanco y después, otra de color azul claro.

2 Pintar la estrella amarilla con un pincel y resaltar con purpurina. Pintar los contornos y bucles de color azul oscuro.

3 Pintar los labios y perfilar la estrella de rojo. Marcar contrastes con la pintura blanca y pintar unas estrellitas.

4 Acentuar los labios, las estrellas y algunas líneas de contorno con purpurina.

Consejo

Un truco para que la estrella de la frente salga bien es imaginar un muñequito con los brazos estirados y a partir de la estrellita unir la cabeza, los pies y las manos.

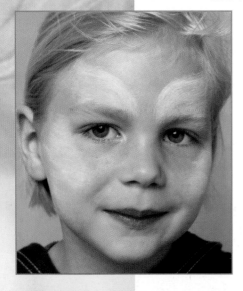
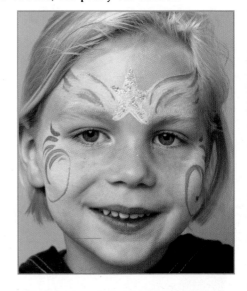

Un pirata
y un demonio

Colores

- Negro
- Rojo
- Amarillo
- Purpurina

Pirata

1 Pintar el parche negro con una esponjita.

2 Con un pincel, bordear de negro el parche. Pintar de negro la perilla, la ceja y, en la mejilla derecha junto al bigote, el perfil de una herida. Pintar la sangre roja en la herida y el pendiente amarillo en la oreja izquierda. Resaltar todo con purpurina.

Demonio

1 Aplicar con la esponja una suave base de rojo en las mejillas. Pintar con un pincel llamas amarillas y unos cuernos en la frente.

2 Pintar de negro las cejas, la perilla y el bigote igual que al pirata, y perfilar los cuernos del mismo color. Aplicar purpurina. Si se quiere, se pueden pintar unas cuantas llamas en el busto.

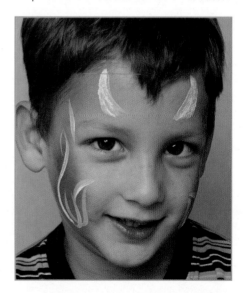

Una selva llena de aves

Colores

- Turquesa claro
- Verde oscuro
- Blanco
- Rojo
- Amarillo
- Azul claro
- Lila
- Negro
- Purpurina

1 Aplicar una base de maquillaje turquesa claro con una esponjita. Esbozar las hojas de color verde y las cabecitas de los pájaros inicialmente de blanco.

2 El segundo paso es aplicar a las cabezas de cada pájaro una segunda base de color rojo, amarillo, azul claro y lila. Con un pincel, pintar los copetes de colores que combinen bien con los de las cabezas. Sombrear las hojas de blanco. Pintar unos puntos blancos para los ojos de los pájaros.

3 Añadir los picos de color rojo. Perfilar los ojos y las líneas de contorno de color negro. Maquillar los labios de rojo y resaltar las líneas y los labios con purpurina.

Consejo

Para que los colores se difuminen poco a poco y por igual, pasar la cara seca de la esponjita desde el tono más claro hasta el más oscuro.

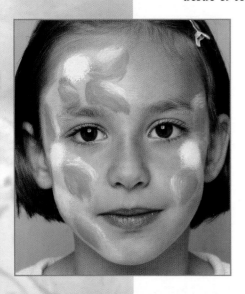

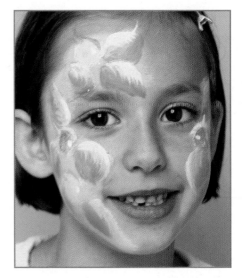

Oso panda en el campo

Colores

- Blanco
- Fucsia
- Negro
- Purpurina

1 Aplicar con una esponjita una base de color blanco cubriendo todo el rostro. Esbozar las orejas de color fucsia. Aplicar una base de color negro alrededor de los ojos. Repasar la parte inferior de los ojos. Utilizar una esponjita diferente para cada color.

2 Con un pincel, pintar de negro las líneas de contorno y unos bordes gruesos alrededor de las orejas, así como la nariz, el morrito y unos cuantos puntos del bigote.

3 Acentuar los contornos con purpurina. Si se quiere, se puede pintar al oso panda una lengua de color fucsia.

Un pillo y un travieso

Ver la fotografía y los materiales en las páginas 30 y 31.

1 Cubrir el rostro con una base de color carne. Con la esponjita casi seca, aplicar pintura roja como colorete en las mejillas y, en el caso del pillo, también en la punta de la nariz. Aclarar los párpados con pintura blanca.

2 Pintar las pecas y las cejas de marrón oscuro. Pintar los labios del travieso de rojo y las arrugas de los ojos de marrón. Pintar la lengua roja del pillo. Perfilar de negro las líneas de contorno.

3 Por último, añadir la purpurina. Si se quiere, se pueden pintar unas cuantas mechas del pelo de color naranja con un cepillo de dientes viejo.

Un pillo y un travieso

Colores

- Color carne
- Rojo
- Blanco
- Marrón oscuro
- Negro
- Purpurina

Instrucciones:
ver la página 28.

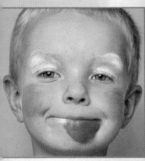

Consejo práctico del autor

Colorear el pelo

Este tipo de maquillaje al agua también se puede utilizar para colorear el pelo. Para ello, mojar un cepillo de dientes viejo y aplicar la pintura en unas cuantas mechas sueltas. Las mechas quedan especialmente bonitas. Secar el pelo con el secador y desenredar con el peine. Para quitar los restos de pintura basta con lavar el pelo con champú.

TÍTULOS DE LA COLECCIÓN

Referencia 12001

Referencia 12002

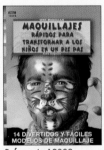

Referencia 12003

Referencia 12004

Referencia 12005

Referencia 12006

Referencia 12007

Referencia 12008